여의보주

광명진언경

해설 및 사경

여의보주

광명진언경

해설 및 사경

초판2쇄 인쇄 2022년 01월 04일
초판2쇄 발행 2022년 01월 11일

엮은이 효선 스님 / 성일 스님
펴낸이 김지숙
펴낸곳 북도드리
등록번호 제2017-88호

주소 서울시 금천구 가산디지털2로 98
　　　B212호 (가산동, 롯데IT캐슬)
전화 (02) 868-3018
팩스 (02) 868-3019

전자우편 bookakdma@naver.com
I S B N 979-11-964777-8-3 03220

○ 책값은 뒤표지에 있습니다.
○ 잘못된 책은 바꾸어드립니다.

이 도서의 국립중앙도서관출판도서목록(CIP)은 서지정보유통지원시스템
홈페이지(http://seoji.nl.go.kr)와 국가자료공동목록시스템(http://nl.go.kr/kolisnet)에서
이용하실 수 있습니다.(CIP제어번호 : CIP2020030930)

여의보주

광명진언경
해설 및 사경

효선 스님 / 성일 스님

북도드리

일러두기

○ 이 책은 널리 불법을 전하기 위해 애쓰시는 두 분 스님의 법보시로 제작되었습니다.

○ 한글 사경과 한문 사경은 사경하는 방법을 잘 읽어 보고 한 글자 한 글자 정성들여 쓰시기 바랍니다.

광명진언을 엮으며

　광명진언光明眞言은 불공견삭비로자나불대관정광진언경不空羂索毘盧遮那佛大灌頂光眞言經에서 설하는 다라니(진언)다.

　1)옴 2)아모가 3)바이로차나 4)마하무드라 5)마니 6)파드마 7)즈바라 8)프라바를타야 9)훔 9개의 단어, 29자로 구성된 짧은 다라니다.

　불교에서 진언과 다라니는 빼놓을 수 없는 요소다. 참선 염불과 함께 불교수행의 한 방편으로 널리 사용되고 있다. 진언眞言(mantra)은 '진리에 대해 사유한다.'는 뜻이고, 다라니陀羅尼는 '불법을 기억한다.'는 의미이다. 진언의 역사는 매우 오래되었고 한 마디로 정의하기 어렵다. 그러나 굳이 정리해보자면 다음과 같다.

　다라니란 불교용어로 2가지 뜻이 있다.

첫 번째는 쉽게 말해 '지혜'라는 뜻으로 보살이 다른 사람을 교화하기 위해서는 반드시 다라니를 얻어야만 한다. 다라니를 얻으면 무수히 많은 불법佛法(부처의 가르침)을 잊지 않고 자유롭게 설교할 수 있다고 한다.

두 번째는 진언眞言(부처님의 말씀)이다. '범어(산스크리트 어)를 번역하지 않고 음(소리) 그대로를 적어서 외우는 것'이다. 원문의 넓고 깊은 뜻이 번역하는 과정에서 왜곡되고 한정되는 것을 피하기 위해, 그리고 다른 사람들에게 비밀로 하기 위해 그렇게 한다고 한다.

진언은 본래 뜻을 풀이하지 않지만 뜻을 이해함으로써 수행과 기도할 때, 관觀하는 데 도움이 된다.

광명진언의 내용을 해석하면 다음과 같다.

온 우주에 오색 광명과 연꽃으로 출현하여 모든 것을 이루신 비로자나부처님께 귀의합니다. 우리에게 지혜와 자비의 광명을 내리시어 미혹의 어둠을 헤치고 깨우치게 하소서. 부처님을 지극한 마음으로 받들어 모시며

모든 소원이 성취되어 지이다. 즉 우리가 '법신불法身佛'이 되고 법신불이 되기까지 중생의 복福과 기쁨을 받게 하여 지이다.'라는 축원과 서원, 깨달음(覺)이 용해된 진언이다.

그러므로 '광명진언'이란 부처님의 광명을 얻어 모든 업보와 죄과가 사라지게 해주는 부처님의 말씀이라고 해석하면 된다.

또한 광명진언을 염송할 때는 너무 느리거나 빠르지 않게, 온전히 진언에 마음을 모으고 반복해서 외우는 것이 중요하다.

불교에서는 '광명진언'이 부처님의 지혜와 자비로움으로 새롭게 태어나게 해주는 신령한 힘을 가지고 있어서, 중생이 죽어 악도에 떨어지더라도 광명진언을 외우면 해탈할 수 있다고 믿는다.

광명진언을 항상 독송하면 부처님의 광명을 얻어 모든 업보와 온갖 죄가 소멸된다고 한다. 그래서 말 그대로 광명진언이라고 한다.

광명진언은 신라의 고승 원효가 「유심안락도」의 제7 해방제의문에 처음 기술하였다.

신라의 고승高僧이신 원효대사元曉大師는 그의 저서 「유심안락도」에서 만일 중생이 이 진언을 두 번이나 세 번, 또는 일곱 번 귀(耳)로 듣기만 하여도 모든 죄업이 없어지게 된다고 하였으며, 또 중생이 십악十惡과 사역죄四逆罪와 사중죄四重罪를 지어 죽은 다음 악도에 떨어질지라도 이 진언을 외우면 능能히 해탈解脫을 얻을 수 있다고 했다.

특히 원효대사는 항상 가지고 다니던 바가지에 강변의 깨끗한 모래를 담아 광명진언을 108번 외운 다음 그 모래를 묘지나 시신 위에 뿌려 영가를 천도를 했다고 한다.

원효대사님 외에 송宋나라 일원대사, 양梁나라 해운대사, 수隋나라 대명대사, 진晉나라 도광대사, 당唐나라

언공대사, 명明나라 천현대사 등 많은 고승대덕들께서도 광명진언을 여의보주如意寶呪라 하셨다.

광명진언은 생활 속의 천도법으로 비로자나불의 진언이다. 이 진언을 외우며 기도하면 가정의 행복, 시험합격, 취업성취, 영가천도, 영가 장애 해결 등의 효험을 볼 수 있다.

비로자나불은 모든 불보살의 총주로서 중생들에게 한량없는 자비와 지혜의 대광명을 비추어, 산 자와 죽은 자 모두에게 새로운 태어남을 얻게 하는 신비로운 힘을 지니고 있다.

이 책을 엮는 것은 부처님의 말씀을 널리 알리고, 광명진언을 직접 써보며 부처님의 진리를 가슴에 새기고, 진언을 쓰고 읽은 공덕으로 소원을 성취하고 모두에게 새로운 생명을 얻게 하는 계기가 되어, 마음의 평화와 깨달음을 얻기를 바라기 때문이다.

엮은이 정안합장

光明眞言

옴 아모 카 바이로 차 나 마 하 무 드라 마 니 파드마 즈 바 라 프 라 바 를타 야 훔

차 례

여의보주
광명진언光明眞言

「옴 아모가 바이로차나 마하무드라

마니 파드마 즈바라 프라바를타야 훔」

광명진언光明眞言은 천지의 영기이시고 우주의 수명이시며 진리의 대광명이신 비로자나여래불毗盧遮那如來佛의 진언으로 모든 진언 중에 가장 묘하고 보배로운 진언입니다.

그러므로 조가비로 바닷물을 능히 헤아릴 수 있을지라도 광명진언의 공덕은 다 말할 수 없을 것이며, 시방 세계의 티끌 수는 다 헤아릴 수 있을지언정 광명진언의 공덕은 다 말할 수 없을 것이며, 억 조 만 석의 개자 수는 다 헤아릴 수 있을지라도 광명진언의 공덕은 다 말할 수 없을 것이며, 대우장림大雨長霖의 빗방울 수는 다 헤아릴 수 있을지라도 광명진언의 공덕은 낱낱이 다 말할 수 없을 것입니다.

그리고 광명진언은 여의주如意珠인지라 일체 지혜와 행복과 유형무형의 모든 광명을 불러오지 아니함이 없으므로, 송宋나라 일원대사는 나에게 오직 여의보주가 있으니 가로되 광명진언이라 하셨고, 양梁나라 해운대사는 가로되 나는 천지우주에 둘도 없는 큰 보물을 가지고 있으니 광명진언이라 하셨으며, 수隋나라 대명대사는 나에게 복과 지혜를 불러들이는 미묘한 큰 보배가 하나 있으니 가로되 광명진언이라 하셨고, 진晉나라 도광대사는 가로되 나에게 만사를 성취케 하는 조화방망이가 있으니 이는 곧 광명진언이라 하셨으며, 당唐나라 언공대사는 나에게 천통보인이 있으니 가로되 광명진언이라 하셨고, 명明나라 천현대사는 나에게 복과 운을 마음대로 지어내는 기묘한 화수분이 하나 있으니 가로되 광명진언이라 하셨으며, 또한 당나라에 들어가 진언밀교를 연구하였던 대화국 공해대사는 임종 시 다른 신묘한 모든 비밀주는 다 전하였으나 이 여의보주인 광명진언만큼은 너무나 아까워 전하여 주지를 아니하고 일홍인 이년 고귀사 절벽 위에 새겨두었던 것이 수백여 년 후 일겸창 시대 초에 이르러 명혜대사에게 발견되어 전언밀교의 종주계통상전의 법인으로 내려오게 된 것이었습니다.

  그러면 이 광명진언이 어찌하여 여의보주며 이 진언을 외우면 우리 인생에 어떠한 유익이 있는가 하면, 대략 말할지라도 '불공견색비로자나불대관정광진언경不空羂索毘盧遮那佛大灌頂光眞言經'에 말하되, 광명진언을 외우면 일체 악귀와 악령이 소멸하여 맹수와 독사가 범치 못하고, 광명진언을 외우면 벼락불이 달아나고 살귀殺鬼가 침노치 못하며, 광명진언을 외우면 삼세업장三世業障이 소멸되고 칠대선망七大羨望과 누대족친累代族親

이 이고득락離苦得樂하며, 광명진언을 외우면 악마가 해를 끼치지 못하고 백천재앙百千災殃이 이르지 못하며, 광명진언을 외우면 일만 원한이 다 풀리고 천만소원千萬所願이 다 이루어져 여의광명如意光明의 본색을 낱낱이 나타내게 되는 것이라고 하셨습니다.

또한 광명진언을 외우면 생사에 일체 중한 죄를 멸하고, 숙업宿業의 일체 고난과 작란作亂을 소멸하며, 지혜, 변재, 복락, 장수를 얻는다고 하였고, 만약 망인亡人이 악업을 많이 지어 삼악도三惡道에 떨어지게 되었을지라도 망인의 이름을 부르고 광명진언을 일심으로 외우면 삼악도를 벗어나 천상에 난다하였으며, 장례 시에 사토莎土나 연화蓮花를 망인의 시체 위나 분묘墳墓 위에 뿌리며 광명진언을 백팔 편遍 연달아 외우면 그 묘력妙力에 의하여 모든 죄장罪障을 제除하고 극락정토極樂淨土에 왕생往生한다 하였을 뿐 아니라, 멸죄제병식재滅罪除病殖財 어느 것이나 해당치 않는 것이 없다고 하셨습니다.

신라의 고승 원효대사元曉大師는 그의 저서 『유심안락도遊心安樂道』에서 '만일 중생衆生이 이 진언眞言을 두 번이나 세 번, 또는 일곱 번을 귀로 듣기만 하여도 모든 죄업罪業이 없어지게 된다. 또 중생이 십악十惡과 사역죄四逆罪와 사중죄四重罪를 지어 죽은 다음 악도惡道에 떨어질지라도 이 진언을 외우면 능히 해탈解脫을 얻을 수 있다.

특히 그릇에 흙이나 모래를 담아놓고 이 진언을 108번 외워 그 모래를 시신 위에 흩거나 묘지 또는 묘탑墓塔 위에 흩어주면 비로자나毗盧遮那부처님의 광명이 망인에게 이르러 모든 죄업을 소멸시켜 줄 뿐 아니라, 시방十方 극락세계極樂世界의 연화대蓮花臺로 인도하게 된다.'고 이 진언의 공덕功德을 크게 강조하셨습니다.

실제로 원효대사는 항상 가지고 다니던 바가지에 강변의 깨끗한 모래를 담아 광명진언을 108번 외운 다음 그 모래를 묘지나 시신 위에 뿌려 영가靈駕를 천도薦度했다고 합니다. 그리고 금강정경 광명진언품金剛頂經光明眞言品과 그 외의 다른 경에는 광명진언의 송주공덕誦呪功德을 찬讚하여 가로되, 이 진언을 외우는 자는 천신 지괴 영귀天神地怪靈鬼 등이 다 기뻐하고 큰 복과 큰 지혜를 성취한다 하였으며, 만약 지혜를 얻고자 할진대 동방을 향하여 비로광명을 관觀하며 백만 편이나 오백만 편을 전력을 다하여 정성스러이 외우면 반드시 대 지혜를 얻는다 하였으며, 만일 오래 살기를 원하고자 할진대 동방을 향하여 비로여래옥호광毗盧如來玉毫光을 관하며 오십만 편이나 백만 편을 지성으로 외우면 반드시 오래 삶을 얻을 것이며, 만일 복락福樂을 구하고자 하면 동방을 향하여 비로여래를 생각하며 또한 오십만 편이나 백만 편을 외우면 대 복락을 얻을 것이며, 만일 망령亡靈을 위해서는 금색비로자나여래金色毗盧遮那如來를 관하여 만 편을 외우면 친히 극락정토極樂

淨土로 인도한다고 하셨습니다.

또한 경론에 가로되 남녀가 서로 혼인을 하게 될 시 결혼장소에서 신랑신부가 서로 심중心中으로 백팔 편을 외우면 크게 길하고, 아이 밴 부인이 임신 시 일념으로 천팔백 편을 외우면 광명진언의 신묘력으로 지혜복덕智慧福德이 구비具備한 아이를 순산順産하게 되며, 자손子孫이 없어 근심하는 자는 매일 동방을 향하여 비로여래를 관하며 삼만 편씩 이십팔 일을 성심껏 지송持誦하면 생남生男을 하게 되고, 원혼冤魂이 맺힌 곳에 광명진언을 열심히 외우면 원만히 해원解冤케 되며, 허신虛神들의 작란作亂이 심한 곳에 이르러서 광명진언을 소리쳐 외우면 편안함을 얻으며, 가옥家屋을 지을 때에도 상량上梁 시에 광명진언을 천팔백 편을 외우면 가도家道가 흥왕興旺하며, 이사할 시에도 광명진언을 백지에 주사朱砂로 써서 방 문 위에 붙이고 천팔백 편을 외우면 아무 탈이 없을 것이며, 바다에서 배를 타고 가다가 큰 풍랑을 만날지라도 광명진언을 진심으로 외우면 무사할 것이요, 원행遠行할 시에도 광명진언을 집 안에서 백팔 편을 외우고 나가면 몸수가 건강할 것이며, 장사하는 사람이 광명진언을 성심으로 항상 정성껏 외우면 상업이 잘 번창하며, 박복薄福하여 수심愁心 걱정이 많은 사람이 광명진언을 늘 외우면 모든 고난苦難을 다 해탈한다고 하셨습니다.

 그리고 또한 경론經論에 가로되 만일 부모의 깊은 은혜를 갚고자 하는 자는 날마다 조석으로 비로자나여래불을 지극히 생각하며 이 광명진언을 백팔 편씩을 외우면 지옥 가운데에 떨어지지 아니하며, 임종臨終 시에도 마음이 산란치 아니하고, 그 광명진언의 위신력으로 시방의 제불보살諸佛菩薩이 그 영혼을 영접迎接하여 천상天上에 왕생往生케 하고, 또한 여인이 남자의 몸을 받고자 하거나 귀인貴人을 만나기를 원하는 자는 새벽마다 비로자나여래불을 관하며 이 광명진언을 써서 방

안 벽 위에 붙여놓고 존중한 마음을 내어 지성으로 독송하면 반드시 마음과 같이 될 것이요, 또한 재난災難으로 재산이 다 없어지거나, 공연히 시비是非가 분분紛紛하거나, 집안이 편치 못하거나, 구설口舌이 다투어 일어나거나, 괴악怪惡한 흉한 꿈이 많거나, 모든 운수運數가 비색否塞하거나, 식구가 모두 병에 걸리어 견딜 수가 없을 때에는 조석으로 이 광명진언을 지성으로 천팔백 편을 외우면 모든 고액苦厄이 다 소멸되며, 또한 간질병이나 미친병이나 어떠한 중병일지라도 고요한 처소處所에서 자나 깨나 일념으로 쉬지 않고 오십만 편 이상이나 백만 편을 연달아 외우면 낫지 아니함이 없고, 또한 이 광명진언을 항상 외우는 자는 삼천대천세계三千大千世界를 통솔하는 데 복락福樂을 받을 것이며 세상에 제일가는 덕을 성취한다고 하셨습니다.

이와 같이 광명진언은 인간출세人間出世의 일체 희망을 만족히 할 수 있는 여의주 그대로의 보배진언이라.

또한 이 광명진언 백 편을 외움이 팔만사천법장八萬四千法藏을 전부 외우는 것보다 더하고, 광명진언 백 편을 외움이 일체一切 진언신주眞言神呪를 백만 편 외움보다 낫다고 하였습니다. 또한 경론에 이르되 광명진언 외우는 소리가 귀뿌리에 한 번 지나가면 몸 가운데 있는 천만 죄악이 소멸되고, 광명진언 외우는 사람을 대접만 하여도 과거구원겁過去久遠劫에 선근善根을 많이 심어야 된다고 하셨으니, 이 광명진언을 듣고 배워 기뻐하는 중생은 더욱더욱 선악은 물론이고 삼악도의 보報를 멸멸滅하고 장래에 대복덕大福德을 받게 될 것이요, 광명진언을 직접 지송하는 자는 공덕이 더 한층 중하므로 부모의 영가와 선대先代 영령靈과 법계원친法界遠親과 한가지로 윤회輪廻 고고苦를 물리치고 불과佛果를 이루며, 또한 이 광명진언을 써서 남에게 전하거나 이 광명진언을 박아 널리 세상 사람에게 보시布施로 널리 나누어주면 더욱 본인들도 공덕 됨이 한량없거니와 자손

만대에 길이 영화榮華가 만발滿發한다고 하셨고, 또한 광명진언을 써서 벽 위에나 문 위에 붙이고 항상 보고 외우거나, 혹은 종에 써서 붙이고 외우며 치게 한즉 일체 중생이 듣고 보는 자 죄업罪業이 다 소멸하여 없어지고, 내세來世에 제불국토諸佛國土에 수생修生한다 하셨으니, 하물며 스스로 이 진언을 공부하는 자여, 그야말로 광명진언을 지성으로 독송하여 모든 중병이 완치됨이라든지, 빈궁한 자가 고액苦厄을 물리치고 부자가 되고 귀인이 됨이라든지, 죽을 지경에서 살아남이라든지, 자손이 없는 사람이 생남을 하게 됨이라든지, 어리석고 둔탁한 사람이 큰 지혜를 얻은 자라든지, 무위 무덕無爲無德하여 걱정근심에 헤매던 사람이 제각각 모든 공덕을 성취함이라든지, 수명이 짧은 사람이 장수를 하게 됨이라든지, 사후 광명진언의 묘력으로 성현의 거룩한 힘을 입어 삼악도에 떨어지지 아니하고, 또한 수만의 칠대선망 부모와 누대족친의 영가가 동시에 왕생극락하여 무한 기쁨이라든지, 그 가지각종의 실제적인 영험담靈驗談은 책으로 수십 권 지어 이을 만치 너무나 많으나 지면紙面 관계로 전부 생략省略하는 바입니다.

그리고 진언은 심령心靈의 동력動力이라 광명진언을 외우고자 할 시는 신념을 굳게 하여 마음을 다른 곳에 반영反映치 말며, 또한 모든 부처님의 몸은 법계로 몸을 삼아 모든 중생의 마음 생각 속에 들어있는지라, 그 마음으로 부처가 됨에, 모든 부처님의 지혜 바다도 그 마음으로 좇아 생겨나므로 아무 데라도 마음으로만 부처님 계시는 줄로 생각하면 곧 부처님이 그곳에 계시나니, 관수분향盥手焚香하고 비로나자부처님을 관하고 마땅히 생각하여야 되며, 광명진언 독송讀誦을 처음 시작할 시에는, 그 비로나자여래불의 명호名號를 백팔 편쯤 부르다가 정성심과 자비심과 공덕심과 평등심으로 그 진언을 외우며, 그 외우는 방법은 최초에는 소리를 내어 외우되 한 글자 한 글자에 역력 분명하여 귀에

낱낱이 들리도록 수개월을 두고 무수히 외우고, 그렇게 외운 후에는 입도 동動하지 말고 단지 마음으로만 수십만 편 외운 뒤에, 또한 마음도 동하지 말고 광명진언만을 관하여 외울지며, 그 많은 글자를 관하기 복잡하거든 다만 광명진언 웃머리 '옴' 자나 아랫머리 '훔' 자나 범서 한 글자만 관할지며, 또 한 자를 관하되 항상 마음 본이 어디서 생겨나는지 그 자체를 자주 관하면서 각자의 소원을 생각하고, 그 소원의 근본 되는 광명을 불러야 생명이 붙어있는 산 진언이 되어 여러 소망이 깊게 이루어지게 되는 것입니다.

여의보주
광명진언光明眞言
해설

옴 아모가 바이로차나 마하무드라

마니 파드마 즈바라 프라바를타야 훔

이 진언은 부처님의 한량없는 자비와 지혜의 힘으로
새로운 태어남을 얻게 하는 신령스러운 힘을 지니고
있다. 아무리 깊은 죄업과 짙은 어두움이 마음을 덮고
있을지라도 부처님의 광명 속에 들어가면 저절로 맑아
지고 깨어나게 된다는 것이 이 진언을 외워 영험靈驗을
얻는 원리이다.

일찍이 신라의 고승 원효대사元曉大師는 그의 저서

『유심안락도遊心安樂道』에서 이 진언의 공덕을 크게 강조하였다.

만일 중생이 이 진언을 두 번이나 세 번, 또는 일곱 번을 귀로 듣기만 하여도 모든 죄업이 없어지게 된다. 또 중생이 십악十惡과 사역죄四逆罪와 사중죄四重罪를 지어 죽은 다음 악도惡道에 떨어질지라도 이 진언을 외우면 능히 해탈解脫을 얻을 수 있다.

특히 그릇에 흙이나 모래를 담아놓고 이 진언을 108번 외워 그 모래를 시신 위에 흩거나 묘지 또는 묘탑墓塔 위에 흩어주면 비로나자부처님의 광명이 망인亡人에게 이르러 모든 죄업을 소멸시켜줄 뿐 아니라 서방극락세계의 연화대蓮花臺로 인도하게 된다.

비록 남이 지은 공덕을 자기가 받는 이치는 없다고 하지만, 인연만 있으면 생각하기 어려운 힘을 일으킬 수가 있다. 그러므로 진언을 외우고 모래를 뿌려보라. 곧 새로운 인연이 맺어질 것이다.

모래를 묘위에 흩는 것만으로도 극락왕생하거늘, 하물며 진언으로 옷을 지어 입고 소리를 내어 외우면 어떠하겠는가? 모래를 흩는 공덕보다 진언을 외우는 공덕이 더 수승殊勝함은 말할 것도 없다.

실제로 원효대사는 항상 가지고 다니던 바가지에 강변의 깨끗한 모래를 담아 광명진언을 108번 외운 다음, 그 모래를 묘지나 시신 위에 뿌려 영가靈駕를 천도薦度했다고 한다.

우리 불자들도 성묘 또는 묘사를 지내러 갈 때 이러한 모래를 준비하여 조상들의 묘위에 뿌려줌이 좋으리라. 그리고 집안에 상喪을 당했을 때, 절에서 49재를 지냄과 동시에 그 49일 동안 집에서 매일 광명진언을 외워주면 매우 좋다.

광명진언은 우리 자신이 만든 모든 부정적인 악업惡業의 진동振動을 부처님의 지혜광명智慧光明으로

써 소멸시키고 빛의 상태로 변형시킴으로써 이 진언을 듣는 영가님들은 모든 죄업을 소멸하고 극락 왕생케 하며, 우리의 의식 속에 잠재되어 있는 악업의 때를 소멸시킴으로써 모든 일이 원만대조화圓滿大調和의 상태로 있을 수 있게 하는 제불보살諸佛菩薩의 총주總呪이다.

이 광명진언은 올바른 의식 상태에서 제대로 발성하면 내부에서부터 정묘한 진동을 일으켜 우리 자신을 정화시킨다. 그러므로 성급한 마음으로 아무 의미 없이 외우지 마라.

모든 부처님께 귀의하는 마음으로 정성스럽게 염송念誦하면 그에 응應한 효과는 틀림없이 나타나는 것이다.

광명진언을 외울 때 눈, 귀, 코, 혀, 몸의 오관 감각으로는 큰 변화가 없는 듯 보이지만, 감각을 초월한 세계에서는 엄청난 빛의 파동으로서 작용하는 것이다.

다음에 광명진언을 염송할 때 주의할 점 등을 간략하게 설명한다.

「옴 아모가 바이로차나 마하무드라

마니 파드마 즈바라 프라바를타야 훔」

'옴'은 모든 진언의 근본 음이며, '옴'자에 귀명歸命의 뜻이 있다.

시방삼세十方三世에 항상 계신 부처님께 귀의歸依하여 부처님의 광명光明과 하나가 되는 마음으로 외운다.

'아모가'는 내 마음의 북방에 항상 계신 불공성취불 不空成就佛의 명호名號(이름)이다.

불공성취불은 성소작지成所作智의 덕에 머무르며 일체 중생을 위하여 가깝게 사바세계에 모습을 나타내어 교화하시는 역사상의 부처님, 곧 석가모니불을 가리킨다.

'바이로차나'는 내 마음의 중앙에 항상 계신 비로자나불, 곧 법신불法身佛의 명호이다.

대일여래大日如來라고도 하며, 법신불은 부처님의 진리의 몸으로서, 마치 태양이 일체세간의 어둠을 없애고 일체의 만물을 상징시키는 것처럼, 시방삼세十方三世의 온 우주법계에 두루 충만하여 무한한 빛을 비추는 우주적 통일체의 상징으로서 '광명의 부처님'을 가리킨다. 법신불은 법계체성지法界體性智의 덕에 머무르며 일체

천지만물 속에 내재하는 불신佛身으로 사람을 포함한 온갖 삼라만상森羅萬象의 근원이다.

'마하무드라'는 내 마음의 동방에 항상 계신 아촉불의 명호이다.

아촉불은 대원경지大圓鏡智의 덕에 머무르며 우주법계의 만상을 명료하게 조견照見하고 중생의 번뇌를 퇴치하여 모든 중생이 본래 갖추고 있는 보리심菩提心을 개발하여 해탈케 하시는 부처님이다. 대원경지란 우주법계의 만상을 여실如實하게 현현顯現하는 지혜로 일체를 있는 그대로 아는 지혜이다. 이것은 부처님의 지혜를 청정한 거울에 비유하여 말한 것이다.

'마니'는 내 마음의 남방에 항상 계신 보생불寶生佛의 명호이다.

보생불은 평등성지平等性智의 덕에 머무르며 일체중생을 위해 여러 가지 보물을 비 오듯이 하고, 중생의 모든 원을 만족하게 하는 부처님이다.

'파드마'는 내 마음의 서방에 항상 계신 아미타불阿彌陀佛의 명호이다.

아미타불은 묘관찰지妙觀察智의 덕에 머무르며 중생을 위하여 설법하여 의심을 끊게 하고, 대자비로 일체중생을 섭수하여 극락정토로 이끄는 부처님이시다.

'즈바라 프라바를타야'는 이상에서 말한 '부처님의 광명이여! 그 빛을 발하소서!'라는 뜻이다.

이 부분을 염송할 때는 자신의 안으로부터 부처님의 광명이 솟아나와 자신이 부처님의 자비광명으로 충만

되어 있는 모습(Image)을 마음에 뚜렷하게 그리고(관觀), 그 빛이 모든 방향으로 퍼져나가 이웃과 우리나라, 전 세계, 우주법계로 두루 퍼져 모든 중생들이 그 빛 속에서 행복하고 평안한 모습을 심상화心象化한다.

'훔'은 모든 진언을 마무리 짓는 근본 음이다.

'훔'자를 외울 때는 이상에서 말한 오불五佛의 지혜광명이 자신 안에서 종합 완성된 모습을 마음에 그리면서 모든 부처님들께 지극한 감사感謝와 귀의歸依를 다짐한다.

광명진언을 염송할 때는 너무 빠르거나 느리게 하지 마라.

염송 중의 마음가짐은 모든 망상을 떠나 완전히 진

언의 문자 위에 마음을 모아 심상화(Visualization)하면서 반복해서 108번이나 21번 등 형편에 맞게 외운다.

모든 진언은 우리 자신이 그 진언에 부여하는 상념과 의지만큼 작용하는 것이다.

「유심안락도」속의 광명진언

　광명진언(光明眞言) : 비로자나 부처님의 원력이 담긴 진언. '불공견삭비로자나불대관정광진언경不空羂索毘盧遮那佛大灌頂光眞言經'에 나오는 이 진언의 원명은 '불공대관정광진언不空大灌頂光眞言'이다. 제사를 지낼 때도 이 진언을 외운다.

옴 아모가 바이로짜나 마하무드라 마니 빠드마 즈왈라 쁘라바르따야 훔

* 아모가(불공不空) : 부처님은 스스로 깨닫고 남들을 교화하시는 두 가지 덕을 다 갖추시어 결코 비어있지

않다는 뜻.

* 바이로짜나(광명편조光明遍照) : '비로자나'와 같이 대일여래大日如來를 가리키는 말.

* 마하무드라(대인大印) : 오색광명을 내는 무드라(수인手印)로서 대일여래는 이 무드라로 중생이 부처와 둘이 아님을 보여주시며 중생衆生을 보살菩薩의 길로 인도하신다는 뜻

* 마니(여의보주如意寶珠) : 이 진언에는 여의보주에 공덕이 있어 이것을 외우면 현재와 미래에 행복하고 안락한 몸을 얻게 된다는 뜻.

* 빠드마(연꽃蓮花) : 연꽃이 오염되지 않고 해맑은 것처럼 이 진언을 외우면 모든 죄업이 사라지고 정토에 태어나 불성의 연꽃을 피우게 된다는 뜻.

* 즈왈라(광명光明) : 이 진언을 외우면 부처님의 지혜와 광명으로 중생의 무명을 없애주시고 인연 있는 정토로 인도해 주신다는 뜻.

* 쁘라바르따야(전환轉換) : 이 진언을 외우면 어리석음이 깨달음으로 전환되어, 성인과 둘이 아닌 몸을 얻게 된다는 뜻.

* 훔(환희歡喜) : 이 진언을 외우면 보리심을 내어 수행하여 성불하게 된다는 뜻.

기존 발음은

옴 아모가 바이로차나 마하무드라 마니 파드마 즈바라 프라바를타야 훔

 만일 어떤 중생이 어디서든 이 진언을 얻어 듣되 두 번이나 세 번, 또는 일곱 번 귓가에 스치기만 해도 곧 모든 업장이 사라지게 된다.

 만일 어떤 중생이 십악업과 오역죄와 사중죄를 지은 것이 세상에 가득한 먼지처럼 많아 목숨을 마치고 나쁜 세계에 떨어지게 되었을지라도, 이 진언을 108번

외운 흙모래를 죽은 이의 시신 위에 흩어주면, 죽은 이가 지옥에 있거나 아귀, 아수라, 축생 세계에 있거나 그 모래를 맞게 된다. 그리하여 모든 부처님과 비로자나부처님 진언의 본원과 광명진언을 외운 흙모래의 힘으로 즉시 몸에 영광을 얻게 되고 모든 죄의 업보를 없애게 된다. 그래서 고통 받는 몸을 버리고 서방 극락 세계에 가게 되어 연화대에 화생化生할 것이다. 그리하여 깨달음에 이르기까지 다시는 타락하지 않을 것이다.

- 불공견삭비로자나불대관정광진언경
『생활 속의 진언』 정의행 역 중에서

여의보주
광명진언光明眞言
한글 사경

옴

아모가

바이로차나

마하무드라

마니 파드마

즈바라

프라바를타야

훔

'옴 아모가 바이로차나 마하무드라

마니 파드마 즈바라 프라바를타야 훔'

사경寫經이란?

'사경寫經'이란 부처님의 가르침이 담긴 경전을 베껴 쓰는 일입니다.

우리 조상님들은 부처님의 가르침을 널리 전하기 위해서뿐만 아니라 모든 생명들과 부모님을 위해 기원하며 정성껏 사경을 했습니다. 박물관에 가보면 우리 조상들이 사경한 경전들을 볼 수 있습니다.

우리 조상들은 한 글자 한 글자 쓸 때마다 부처님께 삼배三拜를 올렸다고 합니다. 오늘날 꼭 그렇게 하지는 못할지라도 그러한 정성으로 사경을 한다면 마음의 바다가 저절로 맑아져 깨달음의 달이 환하게 비칠 것입니다.

사경을 하면 좋은 점

1. 마음이 집중된다.

2. 마음이 편안해진다.

3. 마음이 맑아진다.

4. 번뇌가 사라져 지혜로워진다.

5. 부처님의 가르침을 바르게 이해하게 된다.

6. 글씨를 잘 쓸 수 있게 된다.

7. 한자의 경우 한문 실력이 좋아진다.

8. 매일 시간을 정해서 사경을 하면 차분해지고 부지런해진다.

9. 부처님의 돌보심을 입어 고통 번뇌가 사라지고 소원이 성취된다.

10. 깊은 믿음과 굳건한 신념이 생긴다.

사경하는 방법

1. 몸과 입과 마음가짐을 깨끗이 한다.

2. 환경을 정돈한다.

3. 바르게 앉아 호흡을 가다듬는다.

4. 합장하고 '개경게'를 읽는다.(47쪽 참고)

5. 펜을 잡고 한 글자 한 글자 베껴 쓴다.

6. 한 줄 쓰고 난 뒤 합장하거나 삼배를 올리고 다시 사경을 한다.

7. 사경을 마친 뒤 사경한 날짜와 이름을 쓴다.

8. 이웃과 겨레, 모든 생명들을 위해 부처님께 발원 한다.(개인 발원 또는 회향발원문 읽기 : 66쪽 참고)

9. 손수 쓴 경전을 들고 소리 내어 읽는다.

10. 부처님께 삼배를 올린다.

11. 완성한 사경을 선물하거나 부처님께 올린다.

사경을 잘 하려면

1. 바른 자세로 정성껏 써야 바른 글씨를 쓸 수 있다.
2. 펜은 45도, 볼펜이나 연필은 50도 정도 기울게 잡고 쓰는 것이 좋다.
3. 펜이나 연필을 너무 눌러쓰지 않는 것이 좋다.
4. 필순(글자 쓰는 순서)에 맞게 써야 쉽고 바르고 모양새 있게 쓸 수 있다.

한글의 필순

3대 원칙

1. 위에서 아래로 쓴다.   → 옴 : ㅇ+ㅗ+ㅁ

2. 왼쪽에서 오른쪽으로 쓴다.   → 아 : ㅇ+ㅏ

3. 받침은 나중에 쓴다.   → 훔 : ㅎ+ㅜ+ㅁ

개경게(開經偈 : 경전을 여는 게송)

가장 높고 깊고 묘한 부처님의 가르침은

백천만겁 지나도록 만나 뵙기 어려운데

제가 지금 보고 듣고 받아들여 지니오니

부처님의 진실한 뜻 깨닫고자 하옵니다.

옴 아모가 바이로차나 마하무드라

마니 파드마 즈바라 프라바를타야 훔

옴 아모가 바이로차나 마하무드라

마니 파드마 즈바라 프라바를타야 훔

옴 아모가 바이로차나 마하무드라

마니 파드마 즈바라 프라바를타야 훔

옴 아모가 바이로차나 마하무드라

마니 파드마 즈바라 프라바를타야 훔

옴 아모가 바이로차나 마하무드라

마니 파드마 즈바라 프라바를타야 훔

옴 아모가 바이로차나 마하무드라

마니 파드마 즈바라 프라바를타야 훔

옴 아모가 바이로차나 마하무드라

마니 파드마 즈바라 프라바를타야 훔

옴 아모가 바이로차나 마하무드라

마니 파드마 즈바라 프라바를타야 훔

옴 아모가 바이로차나 마하무드라

마니 파드마 즈바라 프라바를타야 훔

옴 아모가 바이로차나 마하무드라

마니 파드마 즈바라 프라바를타야 훔

옴 아모가 바이로차나 마하무드라

마니 파드마 즈바라 프라바를타야 훔

옴 아모가 바이로차나 마하무드라

마니 파드마 즈바라 프라바를타야 훔

옴 아모가 바이로차나 마하무드라

마니 파드마 즈바라 프라바를타야 훔

옴 아모가 바이로차나 마하무드라

마니 파드마 즈바라 프라바를타야 훔

옴 아모가 바이로차나 마하무드라

마니 파드마 즈바라 프라바를타야 훔

옴 아모가 바이로차나 마하무드라

마니 파드마 즈바라 프라바를타야 훔

옴 아모가 바이로차나 마하무드라

마니 파드마 즈바라 프라바를타야 훔

옴 아모가 바이로차나 마하무드라

마니 파드마 즈바라 프라바를타야 훔

옴 아모가 바이로차나 마하무드라

마니 파드마 즈바라 프라바를타야 훔

옴 아모가 바이로차나 마하무드라

마니 파드마 즈바라 프라바를타야 훔

옴 아모가 바이로차나 마하무드라

마니 파드마 즈바라 프라바를타야 훔

옴 아모가 바이로차나 마하무드라

마니 파드마 즈바라 프라바를타야 훔

옴 아모가 바이로차나 마하무드라

마니 파드마 즈바라 프라바를타야 훔

옴 아모가 바이로차나 마하무드라

마니 파드마 즈바라 프라바를타야 훔

옴 아모가 바이로차나 마하무드라

마니 파드마 즈바라 프라바를타야 훔

옴 아모가 바이로차나 마하무드라

마니 파드마 즈바라 프라바를타야 훔

옴 아모가 바이로차나 마하무드라

마니 파드마 즈바라 프라바를타야 훔

옴 아모가 바이로차나 마하무드라

마니 파드마 즈바라 프라바를타야 훔

옴 아모가 바이로차나 마하무드라

마니 파드마 즈바라 프라바를타야 훔

옴 아모가 바이로차나 마하무드라

마니 파드마 즈바라 프라바를타야 훔

옴 아모가 바이로차나 마하무드라

마니 파드마 즈바라 프라바를타야 훔

옴 아모가 바이로차나 마하무드라

마니 파드마 즈바라 프라바를타야 훔

옴 아모가 바이로차나 마하무드라

마니 파드마 즈바라 프라바를타야 훔

옴 아모가 바이로차나 마하무드라

마니 파드마 즈바라 프라바를타야 훔

옴 아모가 바이로차나 마하무드라

마니 파드마 즈바라 프라바를타야 훔

옴 아모가 바이로차나 마하무드라

마니 파드마 즈바라 프라바를타야 훔

옴 아모가 바이로차나 마하무드라

마니 파드마 즈바라 프라바를타야 훔

옴 아모가 바이로차나 마하무드라

마니 파드마 즈바라 프라바를타야 훔

옴 아모가 바이로차나 마하무드라

마니 파드마 즈바라 프라바를타야 훔

옴 아모가 바이로차나 마하무드라

마니 파드마 즈바라 프라바를타야 훔

옴 아모가 바이로차나 마하무드라

마니 파드마 즈바라 프라바를타야 훔

옴 아모가 바이로차나 마하무드라

마니 파드마 즈바라 프라바를타야 훔

옴 아모가 바이로차나 마하무드라

마니 파드마 즈바라 프라바를타야 훔

옴 아모가 바이로차나 마하무드라

마니 파드마 즈바라 프라바를타야 훔

옴 아모가 바이로차나 마하무드라

마니 파드마 즈바라 프라바를타야 훔

옴 아모가 바이로차나 마하무드라

마니 파드마 즈바라 프라바를타야 훔

옴 아모가 바이로차나 마하무드라

마니 파드마 즈바라 프라바를타야 훔

옴 아모가 바이로차나 마하무드라

마니 파드마 즈바라 프라바를타야 훔

옴 아모가 바이로차나 마하무드라

마니 파드마 즈바라 프라바를타야 훔

옴 아모가 바이로차나 마하무드라

마니 파드마 즈바라 프라바를타야 훔

옴 아모가 바이로차나 마하무드라

마니 파드마 즈바라 프라바를타야 훔

옴 아모가 바이로차나 마하무드라

마니 파드마 즈바라 프라바를타야 훔

옴 아모가 바이로차나 마하무드라

마니 파드마 즈바라 프라바를타야 훔

옴 아모가 바이로차나 마하무드라

마니 파드마 즈바라 프라바를타야 훔

옴 아모가 바이로차나 마하무드라

마니 파드마 즈바라 프라바를타야 훔

옴 아모가 바이로차나 마하무드라

마니 파드마 즈바라 프라바를타야 훔

옴 아모가 바이로차나 마하무드라

마니 파드마 즈바라 프라바를타야 훔

옴 아모가 바이로차나 마하무드라

마니 파드마 즈바라 프라바를타야 훔

옴 아모가 바이로차나 마하무드라

마니 파드마 즈바라 프라바를타야 훔

옴 아모가 바이로차나 마하무드라

마니 파드마 즈바라 프라바를타야 훔

옴 아모가 바이로차나 마하무드라

마니 파드마 즈바라 프라바를타야 훔

옴 아모가 바이로차나 마하무드라

마니 파드마 즈바라 프라바를타야 훔

옴 아모가 바이로차나 마하무드라

마니 파드마 즈바라 프라바를타야 훔

옴 아모가 바이로차나 마하무드라

마니 파드마 즈바라 프라바를타야 훔

옴 아모가 바이로차나 마하무드라

마니 파드마 즈바라 프라바를타야 훔

옴 아모가 바이로차나 마하무드라

마니 파드마 즈바라 프라바를타야 훔

옴 아모가 바이로차나 마하무드라

마니 파드마 즈바라 프라바를타야 훔

옴 아모가 바이로차나 마하무드라

마니 파드마 즈바라 프라바를타야 훔

옴 아모가 바이로차나 마하무드라

마니 파드마 즈바라 프라바를타야 훔

옴 아모가 바이로차나 마하무드라

마니 파드마 즈바라 프라바를타야 훔

옴 아모가 바이로차나 마하무드라

마니 파드마 즈바라 프라바를타야 훔

옴 아모가 바이로차나 마하무드라

마니 파드마 즈바라 프라바를타야 훔

옴 아모가 바이로차나 마하무드라

마니 파드마 즈바라 프라바를타야 훔

옴 아모가 바이로차나 마하무드라

마니 파드마 즈바라 프라바를타야 훔

옴 아모가 바이로차나 마하무드라

마니 파드마 즈바라 프라바를타야 훔

옴 아모가 바이로차나 마하무드라

마니 파드마 즈바라 프라바를타야 훔

옴 아모가 바이로차나 마하무드라

마니 파드마 즈바라 프라바를타야 훔

옴 아모가 바이로차나 마하무드라

마니 파드마 즈바라 프라바를타야 훔

옴 아모가 바이로차나 마하무드라

마니 파드마 즈바라 프라바를타야 훔

옴 아모가 바이로차나 마하무드라

마니 파드마 즈바라 프라바를타야 훔

옴 아모가 바이로차나 마하무드라

마니 파드마 즈바라 프라바를타야 훔

옴 아모가 바이로차나 마하무드라

마니 파드마 즈바라 프라바를타야 훔

옴 아모가 바이로차나 마하무드라

마니 파드마 즈바라 프라바를타야 훔

옴 아모가 바이로차나 마하무드라

마니 파드마 즈바라 프라바를타야 훔

옴 아모가 바이로차나 마하무드라

마니 파드마 즈바라 프라바를타야 훔

옴 아모가 바이로차나 마하무드라

마니 파드마 즈바라 프라바를타야 훔

옴 아모가 바이로차나 마하무드라

마니 파드마 즈바라 프라바를타야 훔

옴 아모가 바이로차나 마하무드라

마니 파드마 즈바라 프라바를타야 훔

옴 아모가 바이로차나 마하무드라

마니 파드마 즈바라 프라바를타야 훔

옴 아모가 바이로차나 마하무드라

마니 파드마 즈바라 프라바를타야 훔

옴 아모가 바이로차나 마하무드라

마니 파드마 즈바라 프라바를타야 훔

옴 아모가 바이로차나 마하무드라

마니 파드마 즈바라 프라바를타야 훔

옴 아모가 바이로차나 마하무드라

마니 파드마 즈바라 프라바를타야 훔

옴 아모가 바이로차나 마하무드라

마니 파드마 즈바라 프라바를타야 훔

옴 아모가 바이로차나 마하무드라

마니 파드마 즈바라 프라바를타야 훔

옴 아모가 바이로차나 마하무드라

마니 파드마 즈바라 프라바를타야 훔

옴 아모가 바이로차나 마하무드라

마니 파드마 즈바라 프라바를타야 훔

옴 아모가 바이로차나 마하무드라

마니 파드마 즈바라 프라바를타야 훔

옴 아모가 바이로차나 마하무드라

마니 파드마 즈바라 프라바를타야 훔

옴 아모가 바이로차나 마하무드라

마니 파드마 즈바라 프라바를타야 훔

옴 아모가 바이로차나 마하무드라

마니 파드마 즈바라 프라바를타야 훔

회향 발원문

사경한 날짜 :

사경한 사람 :

나의 발원 :

이 경전을 읽고 쓴 공덕으로 이웃과 모든 생명들이
저희들과 더불어 평안하고 깨달음 얻기를 기원합니다.
갈라진 우리 겨레 하나 되고 온 세계 평화롭기를 기원합니다.

여의보주
광명진언光明眞言
한문 사경

「不空羂索毘盧遮那
佛大灌頂光眞言經」

한자를 잘 쓰려면

1. 바른 자세로 정성껏 써야 바른 글씨를 쓸 수 있다.

2. 펜은 45도, 볼펜이나 연필은 50도 정도 기울게 잡고 쓰는 것이 좋다.

3. 펜이나 연필을 너무 눌러쓰지 않는 것이 좋다.

4. 필순(글자 쓰는 순서)에 맞게 써야 쉽고 바르고 모양새 있게 쓸 수 있다.

한자의 필순

1. 2대 원칙

  1) 위에서 아래로 쓴다.   三 : 一 二 三

  2) 왼쪽에서 오른쪽으로 쓴다.   川 : 丿 刂 川

2. 일반적인 원칙

  1) 가로 획을 먼저 쓴다.   十 : 一 十

  2) 가운데를 먼저 쓴다.   小 : 亅 刂 小

  3) 바깥을 먼저 쓴다.   火 : 丶 丷 少 火

  4) 꿰뚫는 획은 나중에 쓴다.   中 : 丨 冂 口 中

  5) 삐침을 먼저 쓴다.   九 : 丿 九

  6) 오른쪽 위의 점은 나중에 쓴다. 犬 : 一 ナ 大 犬

  7) 받침이 독립자일 때는 먼저 쓰고, 起 : 走 起

       독립자가 아닐 때는 나중에 쓴다. 近 : 斤 近

不	空	羂	索	毘	盧	遮	那
아닐불	빌공	올무견	찾을색	도울비	목로로	가릴차	어찌나
不	空	羂	索	毘	盧	遮	那
不	空	羂	索	毘	盧	遮	那
不	空	羂	索	毘	盧	遮	那
不	空	羂	索	毘	盧	遮	那
不	空	羂	索	毘	盧	遮	那
不	空	羂	索	毘	盧	遮	那
不	空	羂	索	毘	盧	遮	那
不	空	羂	索	毘	盧	遮	那
不	空	羂	索	毘	盧	遮	那

佛	大	灌	頂	光	眞	言	經
부처불	큰대	물댈관	정수리정	빛광	참진	말씀언	글경
佛	大	灌	頂	光	眞	言	經
佛	大	灌	頂	光	眞	言	經
佛	大	灌	頂	光	眞	言	經
佛	大	灌	頂	光	眞	言	經
佛	大	灌	頂	光	眞	言	經
佛	大	灌	頂	光	眞	言	經
佛	大	灌	頂	光	眞	言	經
佛	大	灌	頂	光	眞	言	經
佛	大	灌	頂	光	眞	言	經

不	空	羂	索	毘	盧	遮	那
아닐불	빌공	올무견	찾을색	도울비	목로로	가릴차	어찌나
不	空	羂	索	毘	盧	遮	那
不	空	羂	索	毘	盧	遮	那
不	空	羂	索	毘	盧	遮	那
不	空	羂	索	毘	盧	遮	那
不	空	羂	索	毘	盧	遮	那
不	空	羂	索	毘	盧	遮	那
不	空	羂	索	毘	盧	遮	那
不	空	羂	索	毘	盧	遮	那
不	空	羂	索	毘	盧	遮	那

佛	大	灌	頂	光	眞	言	經
부처불	큰대	물댈관	정수리정	빛광	참진	말씀언	글경
佛	大	灌	頂	光	眞	言	經
佛	大	灌	頂	光	眞	言	經
佛	大	灌	頂	光	眞	言	經
佛	大	灌	頂	光	眞	言	經
佛	大	灌	頂	光	眞	言	經
佛	大	灌	頂	光	眞	言	經
佛	大	灌	頂	光	眞	言	經
佛	大	灌	頂	光	眞	言	經
佛	大	灌	頂	光	眞	言	經

不	空	羂	索	毘	盧	遮	那
아닐불	빌공	올무견	찾을색	도울비	목로로	가릴차	어찌나
不	空	羂	索	毘	盧	遮	那
不	空	羂	索	毘	盧	遮	那
不	空	羂	索	毘	盧	遮	那
不	空	羂	索	毘	盧	遮	那
不	空	羂	索	毘	盧	遮	那
不	空	羂	索	毘	盧	遮	那
不	空	羂	索	毘	盧	遮	那
不	空	羂	索	毘	盧	遮	那
不	空	羂	索	毘	盧	遮	那

佛	大	灌	頂	光	眞	言	經
부처불	큰대	물댈관	정수리정	빛광	참진	말씀언	글경
佛	大	灌	頂	光	眞	言	經
佛	大	灌	頂	光	眞	言	經
佛	大	灌	頂	光	眞	言	經
佛	大	灌	頂	光	眞	言	經
佛	大	灌	頂	光	眞	言	經
佛	大	灌	頂	光	眞	言	經
佛	大	灌	頂	光	眞	言	經
佛	大	灌	頂	光	眞	言	經
佛	大	灌	頂	光	眞	言	經

不	空	羂	索	毘	盧	遮	那
아닐불	빌공	올무견	찾을색	도울비	목로로	가릴차	어찌나
不	空	羂	索	毘	盧	遮	那
不	空	羂	索	毘	盧	遮	那
不	空	羂	索	毘	盧	遮	那
不	空	羂	索	毘	盧	遮	那
不	空	羂	索	毘	盧	遮	那
不	空	羂	索	毘	盧	遮	那
不	空	羂	索	毘	盧	遮	那
不	空	羂	索	毘	盧	遮	那
不	空	羂	索	毘	盧	遮	那

佛	大	灌	頂	光	眞	言	經
부처불	큰대	물댈관	정수리정	빛광	참진	말씀언	글경
佛	大	灌	頂	光	眞	言	經
佛	大	灌	頂	光	眞	言	經
佛	大	灌	頂	光	眞	言	經
佛	大	灌	頂	光	眞	言	經
佛	大	灌	頂	光	眞	言	經
佛	大	灌	頂	光	眞	言	經
佛	大	灌	頂	光	眞	言	經
佛	大	灌	頂	光	眞	言	經
佛	大	灌	頂	光	眞	言	經

不	空	羂	索	毘	盧	遮	那
아닐불	빌공	올무견	찾을색	도울비	목로로	가릴차	어찌나
不	空	羂	索	毘	盧	遮	那
不	空	羂	索	毘	盧	遮	那
不	空	羂	索	毘	盧	遮	那
不	空	羂	索	毘	盧	遮	那
不	空	羂	索	毘	盧	遮	那
不	空	羂	索	毘	盧	遮	那
不	空	羂	索	毘	盧	遮	那
不	空	羂	索	毘	盧	遮	那
不	空	羂	索	毘	盧	遮	那

佛	大	灌	頂	光	眞	言	經
부처불	큰대	물댈관	정수리정	빛광	참진	말씀언	글경
佛	大	灌	頂	光	眞	言	經
佛	大	灌	頂	光	眞	言	經
佛	大	灌	頂	光	眞	言	經
佛	大	灌	頂	光	眞	言	經
佛	大	灌	頂	光	眞	言	經
佛	大	灌	頂	光	眞	言	經
佛	大	灌	頂	光	眞	言	經
佛	大	灌	頂	光	眞	言	經
佛	大	灌	頂	光	眞	言	經

不	空	羂	索	毘	盧	遮	那
아닐불	빌공	올무견	찾을색	도울비	목로로	가릴차	어찌나
不	空	羂	索	毘	盧	遮	那
不	空	羂	索	毘	盧	遮	那
不	空	羂	索	毘	盧	遮	那
不	空	羂	索	毘	盧	遮	那
不	空	羂	索	毘	盧	遮	那
不	空	羂	索	毘	盧	遮	那
不	空	羂	索	毘	盧	遮	那
不	空	羂	索	毘	盧	遮	那
不	空	羂	索	毘	盧	遮	那

佛	大	灌	頂	光	眞	言	經
부처불	큰대	물댈관	정수리정	빛광	참진	말씀언	글경
佛	大	灌	頂	光	眞	言	經
佛	大	灌	頂	光	眞	言	經
佛	大	灌	頂	光	眞	言	經
佛	大	灌	頂	光	眞	言	經
佛	大	灌	頂	光	眞	言	經
佛	大	灌	頂	光	眞	言	經
佛	大	灌	頂	光	眞	言	經
佛	大	灌	頂	光	眞	言	經
佛	大	灌	頂	光	眞	言	經

不	空	羂	索	毘	盧	遮	那
아닐불	빌공	올무견	찾을색	도울비	목로로	가릴차	어찌나
不	空	羂	索	毘	盧	遮	那
不	空	羂	索	毘	盧	遮	那
不	空	羂	索	毘	盧	遮	那
不	空	羂	索	毘	盧	遮	那
不	空	羂	索	毘	盧	遮	那
不	空	羂	索	毘	盧	遮	那
不	空	羂	索	毘	盧	遮	那
不	空	羂	索	毘	盧	遮	那
不	空	羂	索	毘	盧	遮	那

佛	大	灌	頂	光	眞	言	經
부처불	큰대	물댈관	정수리정	빛광	참진	말씀언	글경
佛	大	灌	頂	光	眞	言	經
佛	大	灌	頂	光	眞	言	經
佛	大	灌	頂	光	眞	言	經
佛	大	灌	頂	光	眞	言	經
佛	大	灌	頂	光	眞	言	經
佛	大	灌	頂	光	眞	言	經
佛	大	灌	頂	光	眞	言	經
佛	大	灌	頂	光	眞	言	經
佛	大	灌	頂	光	眞	言	經

不	空	羂	索	毘	盧	遮	那
아닐불	빌공	올무견	찾을색	도울비	목로로	가릴차	어찌나
不	空	羂	索	毘	盧	遮	那
不	空	羂	索	毘	盧	遮	那
不	空	羂	索	毘	盧	遮	那
不	空	羂	索	毘	盧	遮	那
不	空	羂	索	毘	盧	遮	那
不	空	羂	索	毘	盧	遮	那
不	空	羂	索	毘	盧	遮	那
不	空	羂	索	毘	盧	遮	那
不	空	羂	索	毘	盧	遮	那

佛	大	灌	頂	光	眞	言	經
부처불	큰대	물댈관	정수리정	빛광	참진	말씀언	글경
佛	大	灌	頂	光	眞	言	經
佛	大	灌	頂	光	眞	言	經
佛	大	灌	頂	光	眞	言	經
佛	大	灌	頂	光	眞	言	經
佛	大	灌	頂	光	眞	言	經
佛	大	灌	頂	光	眞	言	經
佛	大	灌	頂	光	眞	言	經
佛	大	灌	頂	光	眞	言	經
佛	大	灌	頂	光	眞	言	經

不	空	羂	索	毘	盧	遮	那
아닐불	빌공	올무견	찾을색	도울비	목로로	가릴차	어찌나
不	空	羂	索	毘	盧	遮	那
不	空	羂	索	毘	盧	遮	那
不	空	羂	索	毘	盧	遮	那
不	空	羂	索	毘	盧	遮	那
不	空	羂	索	毘	盧	遮	那
不	空	羂	索	毘	盧	遮	那
不	空	羂	索	毘	盧	遮	那
不	空	羂	索	毘	盧	遮	那
不	空	羂	索	毘	盧	遮	那

佛	大	灌	頂	光	眞	言	經
부처불	큰대	물댈관	정수리정	빛광	참진	말씀언	글경
佛	大	灌	頂	光	眞	言	經
佛	大	灌	頂	光	眞	言	經
佛	大	灌	頂	光	眞	言	經
佛	大	灌	頂	光	眞	言	經
佛	大	灌	頂	光	眞	言	經
佛	大	灌	頂	光	眞	言	經
佛	大	灌	頂	光	眞	言	經
佛	大	灌	頂	光	眞	言	經
佛	大	灌	頂	光	眞	言	經

不	空	羂	索	毘	盧	遮	那
아닐불	빌공	올무견	찾을색	도울비	목로로	가릴차	어찌나
不	空	羂	索	毘	盧	遮	那
不	空	羂	索	毘	盧	遮	那
不	空	羂	索	毘	盧	遮	那
不	空	羂	索	毘	盧	遮	那
不	空	羂	索	毘	盧	遮	那
不	空	羂	索	毘	盧	遮	那
不	空	羂	索	毘	盧	遮	那
不	空	羂	索	毘	盧	遮	那
不	空	羂	索	毘	盧	遮	那

佛	大	灌	頂	光	眞	言	經
부처불	큰대	물댈관	정수리정	빛광	참진	말씀언	글경
佛	大	灌	頂	光	眞	言	經
佛	大	灌	頂	光	眞	言	經
佛	大	灌	頂	光	眞	言	經
佛	大	灌	頂	光	眞	言	經
佛	大	灌	頂	光	眞	言	經
佛	大	灌	頂	光	眞	言	經
佛	大	灌	頂	光	眞	言	經
佛	大	灌	頂	光	眞	言	經
佛	大	灌	頂	光	眞	言	經

不	空	羂	索	毘	盧	遮	那
아닐불	빌공	올무견	찾을색	도울비	목로로	가릴차	어찌나
不	空	羂	索	毘	盧	遮	那
不	空	羂	索	毘	盧	遮	那
不	空	羂	索	毘	盧	遮	那
不	空	羂	索	毘	盧	遮	那
不	空	羂	索	毘	盧	遮	那
不	空	羂	索	毘	盧	遮	那
不	空	羂	索	毘	盧	遮	那
不	空	羂	索	毘	盧	遮	那
不	空	羂	索	毘	盧	遮	那

佛	大	灌	頂	光	眞	言	經
부처불	큰대	물댈관	정수리정	빛광	참진	말씀언	글경
佛	大	灌	頂	光	眞	言	經
佛	大	灌	頂	光	眞	言	經
佛	大	灌	頂	光	眞	言	經
佛	大	灌	頂	光	眞	言	經
佛	大	灌	頂	光	眞	言	經
佛	大	灌	頂	光	眞	言	經
佛	大	灌	頂	光	眞	言	經
佛	大	灌	頂	光	眞	言	經
佛	大	灌	頂	光	眞	言	經

不	空	羂	索	毘	盧	遮	那
아닐불	빌공	올무견	찾을색	도울비	목로로	가릴차	어찌나
不	空	羂	索	毘	盧	遮	那
不	空	羂	索	毘	盧	遮	那
不	空	羂	索	毘	盧	遮	那
不	空	羂	索	毘	盧	遮	那
不	空	羂	索	毘	盧	遮	那
不	空	羂	索	毘	盧	遮	那
不	空	羂	索	毘	盧	遮	那
不	空	羂	索	毘	盧	遮	那
不	空	羂	索	毘	盧	遮	那

佛	大	灌	頂	光	眞	言	經
부처불	큰대	물댈관	정수리정	빛광	참진	말씀언	글경
佛	大	灌	頂	光	眞	言	經
佛	大	灌	頂	光	眞	言	經
佛	大	灌	頂	光	眞	言	經
佛	大	灌	頂	光	眞	言	經
佛	大	灌	頂	光	眞	言	經
佛	大	灌	頂	光	眞	言	經
佛	大	灌	頂	光	眞	言	經
佛	大	灌	頂	光	眞	言	經
佛	大	灌	頂	光	眞	言	經

회향 발원문

사경한 날짜 :

사경한 사람 :

나의 발원 :

이 경전을 읽고 쓴 공덕으로 이웃과 모든 생명들이
저희들과 더불어 평안하고 깨달음 얻기를 기원합니다.
갈라진 우리 겨레 하나 되고 온 세계 평화롭기를 기원합니다.

인생

청산은 나를 보고 말없이 살라하고
창공은 나를 보고 티 없이 살라하네
사랑도 벗어놓고 미움도 벗어놓고
물같이 바람같이 살다가 가라하네.

초대하지 않았어도 인생은 저세상으로부터 찾아왔고
허락하지 않았어도 이 세상으로부터 떠나간다.
그는 찾아온 것과 마찬가지로 떠나가는 것이다.
거기에 어떠한 탄식이 있을 수 있는가?

이 목숨 태어남은 한 조각 뜬구름 일어남이요.
이 목숨 죽어 감은 한 조각 뜬 구름 사라짐이라.
뜬구름 그 자체 본래 없는 것
인생의 오고감도 그와 같느니.

무시이래

방범 죄장 십악오역이 소멸되고

원하옵건대

이 법공양의 인연공덕이

널리 일체중생에게 두루 미치어

즉신성불의 대도를 걷게 하여 지이다.